Kupe'e te To'a
Kupe et les Coraux

by Jacqueline L. Padilla-Gamiño
illustrated by Marjorie Leggitt

Taylor Trade Publishing
Lanham · Boulder · New York · Toronto · Plymouth, UK

Published by
Taylor Trade Publishing

An imprint of
Rowman & Littlefield
4501 Forbes Boulevard, Suite 200, Lanham, Maryland 20706
www.rowman.com

10 Thornbury Road, Plymouth PL6 7PP, United Kingdom

Distributed by National Book Network

Library of Congress Cataloging-in-Publication
Data Available

ISBN: 978-1-58979-779-6 (pbk.)

Printed in China

Abouth the Long Term Ecological Research (LTER) Network (lternet.edu)

The LTER network is a large-scale program supported by the National Science Foundation. It consists of 25 ecological research projects, each of which is focused on a different ecosystem. The goals of the LTER network are:

Understanding: To understand a diverse array of ecosystems at multiple spatial and temporal scales.

Synthesis: To create general knowledge through long-term, interdisciplinary research, synthesis of information, and development of theory.

Information: To inform the LTER and broader scientific community by creating well designed and well documented databases.

Legacies: To create a legacy of well designed and documented long-term observations, experiments, and archives of samples and specimens for future generations.

Education: To promote training, teaching, and learning about long-term ecological research and the Earth's ecosystems, and to educate a new generation of scientists.

Outreach: To reach out to the broader scientific community, natural resource managers, policymakers, and the general public by providing decision support, information, recommendations, and the knowledge and capability to address complex environmental challenges.

Acknowledgements

Funding for *Kupe and the Corals* was provided by the U.S. National Science Foundation under grants OCE 04-17412, 10-26851 and 12-36905 to the Moorea Coral Reef LTER site. Further funding was provided by generous donations from the Gordon and Betty Moore Foundation and Pam Omidyar. Teurumereariki Hinano Teavai Murphy of the UC Berkeley Richard B. Gump South Pacific Research Station's Atitia Center and the Association Te Pu 'Atiti'a provided invaluable logistical support. Thanks to Theresa Howell for her wonderful editorial input and special thanks to Andrew Brooks and Amy Rinehart, who provided support and guidance through the adventure of making this book a reality. Jaqueline Padilla-Gamiño, Lisandro Carbajal, Pablo Quiroga, Kahealani Lono, Kuuipolani Kanahele Wong, Giacomo Bernardi, Mirose Paia, Christine Arakino, and Francoise Tuiho translated the book into Spanish, Hawaiian, French, Tahitian, and Paumotu. Thanks to Diane McKnight, Michelle Kissinger, Ruth Gates, Peter Edmunds, and Judith Lemus who provided support during the earlier stages of this project. Andrew Brooks, Melissa Holbrook Schmitt, Elizabeth Lenz, and the McIlroy family assisted with the main illustrations. Children's illustrations are courteous of the third grade students at Girls Inc., in Goleta, California, class CM2 of Caroline Fauura at PaoPao Elementary School on Moorea, French Polynesia, and students of the Hanahau'oli School on Oahu, Hawai'i.

Dedication / Dédicace

Nō te mau 'ihitaí í mutaa a'eneí, í teíe mahana, 'e a muri noa atu.

Aux explorateurs de mers: passés, présents et futurs.

A mi Pequeña Mali. –JPG

To Annie and Betsy for introducing my art to the world of children's books.

À Annie et Betsy, qui ont ouvert les portes de las littérature enfantine à mes dessins. –MCL

«Te ta'ata e tāpae 'oi'oi i tai, tei iāna te rē!» te reo ïa 'o Kupe i te mau tamari'i i tahatai. Horo 'oi'oi atura 'o Kupe 'e tōna mau hoa nā ni'a atu i te one e tae roa i te moana nīnamu, hopuhopu haere noa ai.

«Le premier arrivé au lagon a gagné!», lança Kupe aux autres enfants sur la plage. Bien vite, Kupe et ses amis s'élancèrent sur le doux sable blanc pour aller patauger dans les eaux cristallines du lagon.

Paraha ʻuturoa
Papilion long nez

ʻŌpua a'era te pupu i te 'au roa i te pae a'au. E ao 'ē roa i 'ō, noa atu ā ia te piri i te pae tahatai. ʻUa rau te huru te ʻū ʻe te fāito o te to'a, te pu'a 'e te farero, tei riro ʻei puna nō te i'a 'e te mau mea oraora e rave rahi, tā Kupe i ʻore i mana'o mai te reira te huru.

Tē pāinu haere noa ra 'o Kupe ʻa hipahipa noa ai i te tōtara tē titotito noa ra i te to'a. ʻIa neva a'e rā ʻoia e tini e tini i'a oraora tē hā'ati nei iāna. Tē ʻō'ohu noa ra te ʻātoti nīnamu nā ni'a a'e i te pu'a. Tē oriori noa ra te pāraharaha tāhirihiri noa ai i tōna nau pere rau re'are'a pura.

Mōmoa
Cofre à taches blanches

E puna mau te a'au 'e e ha'apūra'a nō te mau i'a e rave rau. I reira ho'i te honu e ʻai ai i tāna mā'a, te pa'apa'a e ʻapa'apa ai i tōna nohora'a ʻe te i'a e pūpuniaiʻei pārurura'a i te mau i'a moemoe mā'a.

Paraha tore
Tranchoir

La joyeuse petite bande décida alors de nager jusqu'au récif de corail. C'était un autre monde là-bas, à quelques mètres seulement du rivage. Des coraux aux couleurs vives, de formes et de tailles différentes abritaient bien plus de poissons et d'organismes que Kupe ne l'aurait imaginé.

Kupe se tenait à la surface de l'eau, calmement, tout occupé à observer un poisson porc-épic qui picorait du corail à proximité. Mais, tournant la tête, il vit des centaines d'organismes extraordinaires qui l'entouraient. Des demoiselles bleu-vert évoluaient au-dessus d'un pâté de corail. Un poisson papillon paradait, faisant admirer ses nageoires jaunes éclatantes.

Le récif servait bien d'habitation et de lieu de réunion pour nombre d'organismes bien différents. C'est là que les tortues trouvent leur nourriture, que les crabes peuvent se construire une demeure et que les poissons trouvent refuge pour se protéger des prédateurs.

E noho na ‘o Kupe i Mo’orea, i te pae tō’o’a o te rā ia Tahiti, i Pōrīnetia. Mai tōna fare ra, e ‘ite-noa-hia atu te tārava hope ‘ore o te moana a Hiva. I teie mahana, ‘ia oti mai ‘oia i te hopuhopu i te miti tau’ai noa atu ai i te haumārū o te tahara’a mahana, māta’ita’i ihora ‘oia i nau mou’a teitei o tōna ‘āi’a. Nō mo’emo’e noa atura te hihi o te rā i muri mai i nau tapua’e mā te fa’a’ura’ura i te ra’i.

Kupe vivait à Moorea, à l’ouest de l’île de Tahiti, en Polynésie. De sa maison, c’était l’océan pacifique à perte de vue. Aujourd’hui, en sortant de l’eau pour retrouver l’agréable tiédeur de l’après-midi, son regard se porta sur les montagnes majestueuses de son île. Le soleil commençait tout juste à disparaître derrière les sommets, parant le ciel de teintes extraordinaires.

E fenua mou’a ʽo Moorea i Pōrīnetia farāni, tei pū mai mai roto i te mou’a auahi i rōpū i te Moana o Hiva. Mai reira, ua māhu mai te tūtae auahi mai tōna ʽāpo’o auahi i niu mai ai te reira i ni’a i te papa moana. ʽA tau ʽe ʽa tau, ʽua riro mai ei mou’a moana, ʽia fāura mai tōna tara, ʽua riro mai ïa ʽei motu.

I Moorea mai te tahi atu mau motu, e tupu ʽaere te mau to’a no te mea e mea reru ʽore ʽe te māhanahana te miti moana i teie mau pae fenua. E ora haere te mau to’a i te pae miti ʽe te tahi atu mau mea ora o te moana, ʽa fa’atupu mai ai te tārava to’a. E toru tuhaa tō te tārava to’ a i Moorea: Te a’au, e fa’ata’a’ē i te motu ʽe ʽo tua, te āhua pāpa’u e fa’ata’a’ē i te motu ʽe te tairoto, ʽe te papa i te pae fenua.

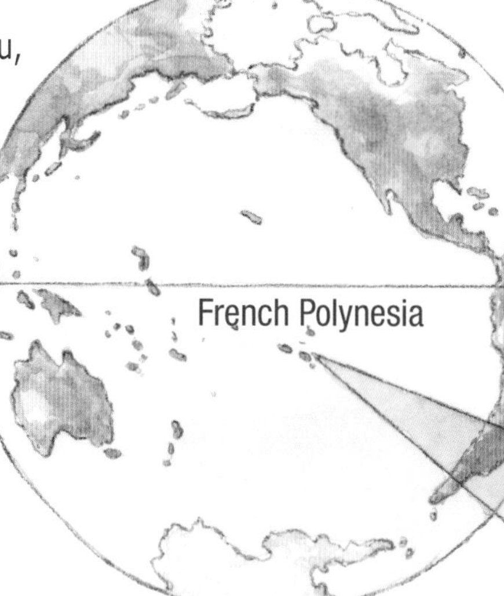

Moorea est une île volcanique de la Polynésie Française, née de l’activité d’un volcan au milieu de l’Océan Pacifique. Le magma (roche en fusion), qui s’est échappé par une cheminée créée au travers de la croûte terrestre, a fini par déposer d’importantes quantités de lave sur le lit de l’océan. Avec le temps, cette lave a progressivement formé un mont volcanique sous-marin et lorsque le sommet a émergé, cette montagne est devenue une île.

A Moorea comme dans d’autres îles tropicales, les coraux vivent et croissent car l’eau de l’océan dans ces régions est chaude et claire. Ils s’établissent le long du littoral et, avec d’autres organismes marins, créent les récifs. Le récif de Moorea se présente en trois parties: le récif-barrière séparant l’île de l’océan, le platier peu profond et le lagon, puis le récif frangeant le long du littoral.

Ha’avitiviti ihora ‘o Kupe i te ho’i i te fare nā uru ha’ari. I teie pō, e ‘āfa’i tōna pāpā iāna tautai.

‘Ua ineine te poti tautai nīnamu i ni’a i te pae, te tu’u noa ra’a te toe ‘a tape te mahana. Tauturu a’era ‘o Kupe i tōna pāpā i te tiera’a i te ‘ā’ira hī, te matau, te ‘apa ‘e te pātia i roto i te poti.

E mea au rahi nā Kupe te ‘ohipa tautai ‘e tōna pāpā tei ha’api’i iāna i te moemoe i te i’a, i te ma’iti i te i’ai ‘e i te tautai noa i tei au.

Empruntant les sentiers sablonneux bordés de cocotiers, Kupe s’empressa de rentrer à la maison. Ce soir, son père l’emmènerait avec lui à la pêche.

Le bateau familial de pêche, long et bleu, attendait sur le rivage, prêt à être tiré dans l’eau dès que le soleil se coucherait. Kupe aida son père à réunir les cannes à pêche, les appâts et les harpons pour les mettre dans le bateau.

Kupe adorait aller à la pêche avec son père, qui lui enseignait comment guetter le poisson, lesquels attraper et ne garder que ce qui était nécessaire

E pō nehenehe, māramarama ‘e te hau. Tē tīa’i māru noa ra ‘o Kupe ‘e tōna pāpā ‘ia ‘amu te i’a.

«‘A hi’o na i te feti’a, e ‘aiū,» te reo ïa o tōna pāpā. «I mua a’e nei, e mea maoro i teienei, nā te feti’a e arata’i i te mau tupuna nā ni’a i te moana. ‘Ua riro te mau feti’a ‘ei hōho’a fenua i ni’a i te ra’i.»

Māta’ita’i ihora ‘o Kupe ‘a tāmata noa ai i te feruri mai te aha rā te huru i te tau mātāmua. Hi’o tūtonu a’era i te ata o te feti’a ‘e tō te ‘āva’e i ni’a i te miti.

La nuit était belle, claire et paisible. Kupe et son père se mirent en position d’attente.

«Regarde les étoiles, fils,» lui dit son père. «Autrefois, il y a bien longtemps, nos ancêtres trouvaient leur chemin grâce aux étoiles qui les guidaient sur l’océan. Les étoiles sont comme une carte dans le ciel.»

Kupe regarda, essayant d’imaginer comment ça pouvait être dans les temps anciens. Puis il regarda fixement le reflet des étoiles et de la lune sur les eaux calmes.

Pātītī ihora te miti. E ‘ohipa māere rahi tāna e ‘ite nei. E rave rahi mau ‘ōpūpū ri’i tārona ‘e te hiri, e pāinu haere nei e ‘ati a’e te poti. ‘Ua fa’aro’oro’o a’enei ihoā ‘o Kupe i tō rātou parau, ‘a tahi rā ‘oia ‘a ‘ite ai i teie mau mea.

Ui ‘oi’oi atura ‘oia i tōna pāpā «e aha terā mea?»

«E fā mai terā mau ‘ōpūpū ri’i hō’ē taime i te matahiti. E’ita ‘oe e ‘ite haere noa i terā ‘ohipa, e’ere fāna’o nei tō tāua i teie pō! ‘Eiaha e ha’uti, ‘a māta’ita’i na!»

C’est alors qu’il vit la surface de l’eau s’agiter. Quelque chose de magique s’offrait à ses yeux. Des petites bulles roses et marron clair, de deux millimètres de diamètre environ, flottaient tout autour de leur bateau. Kupe en avait entendu parler mais n’en avait encore jamais vues.

«Qu’est-ce que c’est?» demanda-t-il tout excité à son père.

«Ces bulles que tu vois apparaissent ainsi une fois par an. C’est quelque chose d’unique et nous avons la chance d’être ici ce soir. Ne bouge pas, regarde.»

Fa’aho’i mai nei ‘o Kupe ‘e tōna pāpā i tā rāua ‘ā’ira hī, pārahirahi ihora nō te māta’ita’i i te mau ‘ōpūpū ri’i e pe’epe’e mai ra. I raro atu, tē fāuraura maira te i’a e rave rau ‘e te pa’apa’a nō te māta’ita’i ato’a.

«E Kupe, ‘a hi’o na!» nā ‘ō a’era tōnā pāpā, mā te fa’atoro i te mau i’a nīnamu huhu’a tē a’e maira nō te apuapu i teie mau ‘ōpūpū.

Tē hi’opo’a māere noa nei ‘o Kupe. Fa’a’ao atura ‘oia nā te hiti poti, tāipu maira ma’a pape ri’i ‘e tau ‘ōpūpū ri’i. Hi’ohi’o ihora i tāna i tāipu mai. E piti ‘ahuru ti’ahapa paha ‘ōpūpū ri’i tē pāinu haere noa nei i roto i tāna fa’ari’i.

Ua ‘ite ‘o Kupe e tē toe rahi ra ā te mea tāna e ha’api’i nō ni’a i teie ao e fa’a’ati nei iāna i teie ru’i, i ni’a i teie moana. ‘Ua tano ihoā tōna metua tāne: ua fāna’o rāua i te haerera’a e tautai i taua ru’i ra.

Kupe et son père relevèrent leurs cannes à pêche puis s’assirent pour regarder attentivement les bulles remontant à la surface. En-dessous, des petits poissons, du zooplancton et des crabes tachetés apparurent pour profiter eux aussi du spectacle.

«Kupe, regarde!» s’exclama son père, pointant du doigt des minuscules poissons bleus qui s’approchaient de la surface pour gober ces bulles.

Kupe était captivé, pris par la curiosité. Il se pencha sur le bord de la pirogue, un gobelet à la main, puis il puisa doucement un peu d’eau, pour recueillir délicatement de ces bulles à la surface de l’eau. Il examina attentivement ce qu’il avait attrapé. Une vingtaine, peut-être, de petits paquets de bulles flottait à la surface de l’eau dans son gobelet.

Kupe savait qu’il avait encore une foule de choses à apprendre sur le monde qui l’environnait ce soir, sur ce grand océan. Son père avait raison : ils avaient eu de la chance d’être allés à la pêche ce soir-là.

Zooplancton
Zooplankton

‘Ia ho’i mai ‘o Kupe rāua tōna pāpā i te fenua, horo ha’avitiviti atura ‘o Kupe i te fare mā te ha’apa’o maita’i a’uanei te pape o te fa’ari’i e mani’i mai ai, e au atu ra ho’i ē, e pirū teie. E hina’aro rahi tōna e fa’a’ite ’oi’oi i tōna tuahine i tānā ’i ’ite mai.

«Auē! e ‘ōpūpū tā Kupe i roa’a mai nō roto mai i te miti!» tuō a’era te tuahine.

«‘Ia mana’o ana’e au e ‘ōpūpū ‘aita rā i pāpū maita’i iā’u.» nā ‘ō atura ‘o Kupe.

«Ananahi, ‘ia māha tō ‘oe rohirohi e Kupe, e haere ‘oe i te Pū Ātiti’a, penei a’e tē vai ra te tahi ta’ata tei ‘ite eaha mau teie,» te reo ïa o tōna māmā.

«‘Oia mau,» mana’o a’era ‘o Kupe. Tē vai ra ihoā te mau ‘aivāna’a e rau huru i te Pū Ātiti’a, ‘e ‘ua mātau maita’i rātou i te fenua tā’āto’a. ‘Ua fārerei a’enei ‘oia ia rātou nō te tahi mau ha’amāramaramara’a.

Vaiho ihora i tāna fa’ari’i i pīha’ iho i tōna ro’i ‘e vare’a atura i te ta’oto.

Lorsque Kupe et son père revinrent à terre, Kupe courut à la maison aussi vite qu’il pu, en faisant attention de ne pas renverser l’eau du gobelet, comme s’il s’agissait d’un trésor. Il était impatient de montrer à sa maman et à sa sœur ce qu’il avait vu.

«Aue! Kupe a attrapé des bulles dans la mer!» cria sa sœur.

«Je crois que ce sont des bulles, mais je n’en suis pas certain,» lui dit-il.

«Demain, Kupe, après avoir pris du repos, tu pourrais aller au Centre Atitia pour voir si quelqu’un sait de quoi il s’agit,» lui suggéra sa maman.

«Bonne idée,» se dit Kupe. Il savait qu’il y avait des professeurs et des spécialistes au Centre Atitia, et qu’ils connaissaient tout de son île. Il y était déjà allé pour poser des questions.

Il posa le gobelet à côté de son lit puis s’endormit.

‘Ia po’ipo’i a’e, ara maira ‘o Kupe, tē muhumuhu noa ra te ‘are miti i te ātea. Ha’amana’o ihora i te ‘ohipa fa’ahiahia tā rāua tōna pāpā i ‘ite inapō. Rave a’era i te fa’ari’i nō te hi’opo’a i te mau ‘ōpūpū tāna i tāipu mai i tai.

E huru ta’a’ē tō rātou i teienei. E mea huru fifi i te ‘ite pāpū ia rātou. ‘Ua hu’a roa hia atu rātou e ‘ua topa i raro roa i te fa’ari’i.

«E haere ‘oi’oi i te Pū Ātiti’a, ‘a mo’e roa atu rātou,» mana’o ihora ‘oia.

Le lendemain matin, Kupe se réveilla, au son des vagues sur la berge Cela lui rappela l’extraordinaire spectacle que son père et lui avaient eu la chance d’observer la veille. Il prit le gobelet pour examiner les bulles qu’il avait recueillies la veille, dans l’océan.

Elles paraissaient différentes à présent. En fait, il avait du mal à les reconnaître. Elles étaient bien plus petites et n’étaient plus à la surface mais au fond du gobelet.

«Je ferais mieux d’aller sans tarder au Centre Atitia, avant qu’elles ne disparaissent pour de bon,» se dit-il.

«‘Ia ora na, e Kupe,» te reo fa‘ari ïa o te ta‘ata pa‘ari o te Pū ia rāua tōna pāpā e tomo mai nei i roto i te fare pote’e, «E aha tō ‘ōrua tere i ‘ō nei i teie mahana?»

«‘Ua ‘ite ‘outou e aha tā māua tō’u pāpā i ‘ite inapō, ‘a tāi’a noa ai māua!» Parau atu nei ‘oia. Fa’ati’a pauroa atura nō te mau ‘ōpūpū, te mau ‘ū ‘e te mau mea oraora ato’a tā rāua i ‘ite inapō.

«A!» pārau mai nei rātou, «‘ua ‘ite ‘ōrua i te hō’ē ‘ohipa fa’ahiahia tē tupu hō’ē ana’e taime i te matahiti. ‘O te mau to’a te reira tē tu’utu’u ra i tō rātou mau fanau’a ri’i.»

Fa’a’ao a’era ‘o Kupe i roto i tāna fa’ari’i. «‘O te mau fanau’a to’a tō roto?» ui atura ‘oia. «‘Ē, ‘oia mau,» pāhono maira te rū’au mā te ‘ata’ata, «‘Ua tu’uhia rātou ‘e tō rātou mau metua inapō ‘e e pāinu haere rātou i te ‘āpira’a ra ‘e tau atu ai i te vāhi tei au ia rātou.»

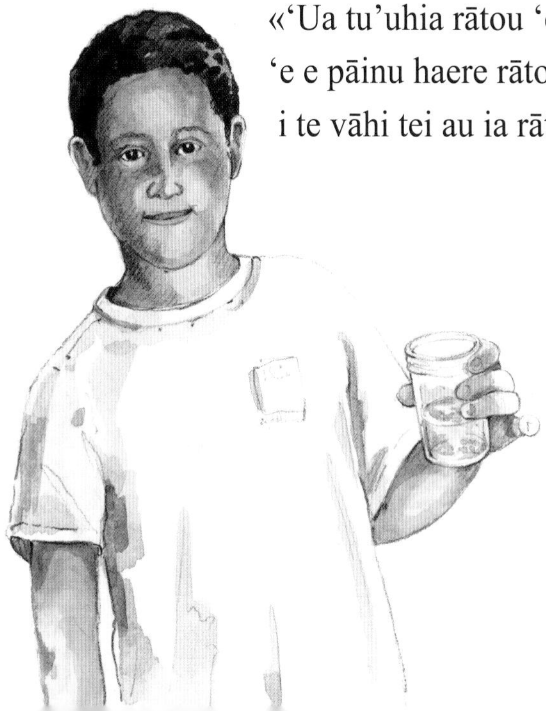

«Bonjour, Kupe,» dit l’ancien du Centre Atiti’a a Kupe et son père qui s’avancerent vers le fare potee, la maison de réunion traditionelle, «Qu’est-ce qui vous amène aujourd’hui?»

«Vous ne croirez pas ce que mon père et moi avons vu la nuit dernière, pendant que nous pêchions!» s’exclama-t-il. Il lui raconta tout sur les bulles et les couleurs ainsi que sur les créatures qu’ils avaient vu la nuit précédente.

«Eh bien,» répondit l’ancien en souriant, «Vous avez été tous deux les témoins de quelque chose de très particulier, qui ne se produit qu’une fois par an. Ce que vous avez vu, c’était les coraux qui libéraient leurs petits.»

Kupe jeta un coup d’œil au contenu de son gobelet. «Ce sont donc des bébés coraux?» demanda-t-il.

«Exactement,» lui répondit l’ancien en souriant, «Leurs parents les ont relâchés la nuit dernière, et ils dériveront tant qu’ils sont jeunes jusqu’à ce qu’ils trouvent un endroit qui leur convienne.»

‘Ua ‘oa’oa roa ‘o Kupe i te ‘itera’a ē, ‘ua pōpo’i mai ‘oia i te mau to’a fanau’a ‘e tē hina’aro nei rā ‘oia e tuatāpapa atu ā i ni’a i te reira. ‘A ho’i marū noa mai ai ‘oia, ha’amana’o ihora ‘ua mo’ehia iāna i te ani atu nō te aha te huru o teie mau fanau’a i taui ai.

«‘Ahē,» mana’o a’era ‘o ia. «E haere rā i hea e uiui ai?»

‘Ōpua a’era i te haere i te Pū hi’opo’ara’a Gump tei reira ato’a te mau ‘aivānā’a ‘aita rā ‘oia i fārerei a’enei i te hō’ē o rātou.

Kupe était tout heureux d’apprendre qu’il avait recueilli des jeunes coraux mais voulait en savoir plus. En chemin, de retour à la maison, il réalisa qu’il avait oublié de demander pourquoi les jeunes coraux paraissaient si différents de ce qu’ils avaient vu la nuit précédente.

«Hum,» pensa-t-il, «Où pourrais-je aller pour en savoir plus?»

Il décida de se rendre à la station Gump car il connaissait des scientifiques qui y travaillaient mais n’avait jamais eu l’occasion de parler avec l’un d’entre eux.

Tomo atura i roto i te hō’ē o te mau piha mā’imi’imira’a o te pū hi’opo’ara’a Gump. ‘Ua ‘ī i te ‘afata hi’o fa’aoraora’a ‘ina’i moana ‘e e rave rahi atu mau huru mauiha’a tāna i ‘ore i ‘ite a’enei.

Tē māta’ita’i noa ra ‘oia i teie mau mātini, tē haere mai nei te tahi pīahi tamahine nō te Pū. «‘Ia ora na, ‘o Lilia tō’u i’oa. E ‘ohipa tā ‘oe e ‘imi nei?»

‘Aita i matara ia Kupe i te pāhono. Fa’a’ite atura i te mau to’a fanau’a. «‘Ua ‘itehia mai iā’u teie mau to’a inapō.»

«E mea fa’ahiahia, nā ‘ō maira ‘o Lilia. «E’ita ‘oe e hina’aro e hi’opo’a maita’i ia rātou?»

«Hi’opo’a? Mai te aha ïa te huru?» ani atura ‘o Kupe.

«Haere mai, e fa’a’ite au ia ‘oe,» pāhono atura ‘o Lilia.

Il entra dans l’un des laboratoires de recherche exterieur de la station Gump. C’était plein de grands aquariums d’eau de mer et de toute sorte de matériel qu’il n’avait jamais vus.

Alors qu’il examinait tous ces appareils, une étudiante du Centre vint vers lui. «Bonjour», dit-elle, «Je m’appelle Lilia. Cherches-tu quelque chose?

Kupe ne savait que répondre. Il lui montra ses coraux. «Je … j’ai trouvé ces jeunes coraux la nuit dernière» se hasarda-t-il.

«C’est formidable!» s’exclama Lilia. «Veux-tu les voir de plus près?»

«De plus près? Que veux-tu dire», demanda Kupe.

«Suis-moi, je vais te montrer,» lui dit Lilia.

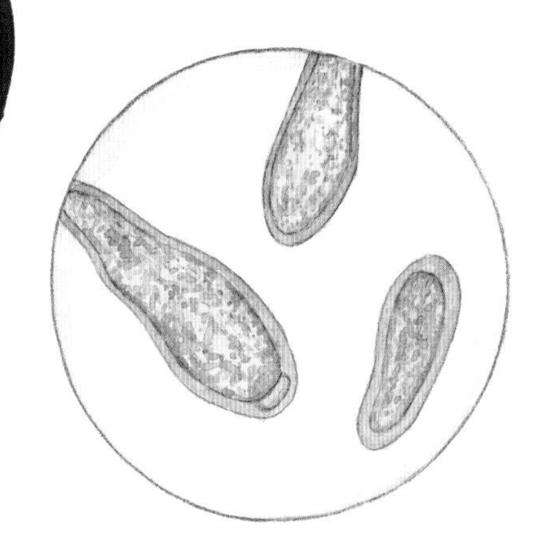

tirotiro to’a
larve de corail

Nā muri atura ‘o Kupe e tae roa i te piha hi’opo’a. Fa’a’ite maira ‘o Lilia i te mātini hi’o fa’arahi. Panapana māite ihora i te mau to’a fanau’a nō te tu’u atu i roto i te tahi ‘apu ‘ōpārahurahu, fa’atano a’era i raro a’e i te hi’o nō te hi’opo’a i te reira.

«‘A hi’o na i tā ‘oe mau fanau’a to’a e ‘au haere nei.»

Fa’a’ao a’era ‘o Kupe nā te hi’o fa’arahi. E fa’ahiahia mau ā! ‘Ite mau atura ‘oia i tō rātou huru pūrōroa. E piti a’e ‘ū tō te fanau’a tāta’itahi, hō’ē i rōpū, ‘e te tahi tore nā te hiti. Tē ‘ite ato’a ra ‘oia ē, e pūrara teie mau fanau’a ‘ia ‘au.

‘Ite mau atura ‘o Kupe ē te mea tāna i haru mai inapō e huero i’a ïa ‘e te tātea tei ha’aputu.

«E hō’ē te huero ‘e te tātea i roto i te moana ‘a roa’a mai ai te tirotiro,» ha’amāramarama maira ‘o Lilia. «Mai teie huru noa rātou e tae roa atu i te taime e mau atu ai i te tahi vāhi, i reira tō rātou e huru e taui ai, hou ‘a riro roa mai ai ‘araua’e ‘ei to’a huhu’a.»

aveave to’a
polype corailien

Kupe la suivit jusqu’au laboratoire. Elle lui montra un microscope. Avec d’infinies précautions, elle préleva les jeunes coraux dans le gobelet pour les déposer sur une coupe peu profonde, la plaça sous le microscope pour les examiner.

«Regarde, tes larves de corail qui nagent», lui-dit-elle.»

Kupe regarda dans le microscope. C’était magique! Il pouvait ainsi examiner leur forme oblongue. Chacun d’eux avait au moins deux couleurs différentes, une couleur au milieu, ainsi qu’une bande fine sur la partie extérieure. Il remarqua aussi qu’ils nageaient dans des directions différentes.

Kupe apprit ainsi que ce qu’il avait attrapé la nuit précédente était en fait des œufs et des spermatozoides qui s’agglomèrent.

«L’œuf et le spermatozoide se réunissent dans l’océan pour former une larve,» lui expliqua Lilia. «Ils conserveront cet aspect jusqu’à ce qu’ils trouvent un endroit pour se fixer, puis ils changeront de forme à nouveau, avant de ressembler bientôt à des petits coraux.»

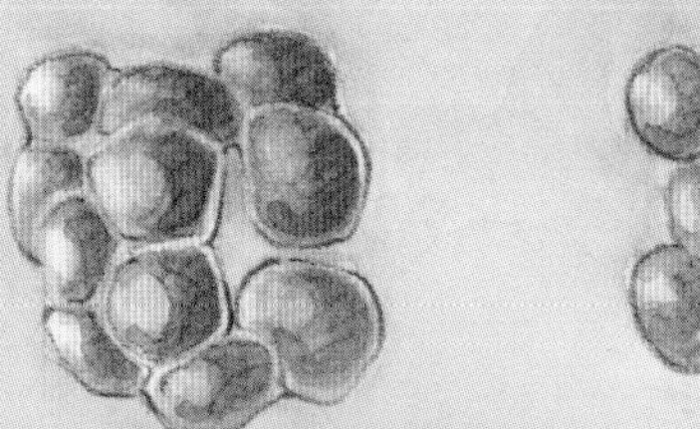

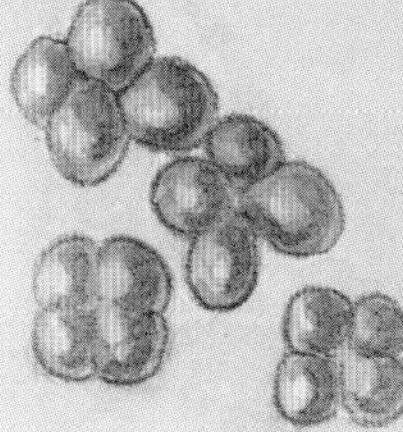

E ʻaere te rahiraʼa toʼa nā roto i te purararaʼa o te mau pūtē vairaʼa huero ʻōvahine ʻanoʼi tatea tei piʼihia tameta toʼa. E pānu haere teie mau pūʼohu, ʻa pata atu ai ma te faʼaora te mau huero ʻanoʼi tatea. I roto ʻoia i te ʼopape e hōʼē ai riro mai ai ei ʻoifētō. E riro mai teie ʻoifētō ʻei tirotiro tei pāinu haere e raverahi mahana e tae roa atu ai i te taime ʻa piri ai i niʼa i te papa toʼa (ʻia au i te mau ʻaivanaʼa, e piihia teie nei ʻohipa te «pirira'a» i niʼa i te aʼau). ʻIa mau teie tirotiro i niʼa i te aʼau, e tupu ivi ʻoia. E tāmau noa teie toʼa huhuʼa i te tupu ʻa riro mai ai ʻei uruana.

Pour la plupart, les coraux se reproduisent par la dispersion de grappes/paquets contenant à la fois des oeufs et des spermatozoides (que l'on nomme gamètes), processus connu sous le nom de «fraie par dispersion». Ces grappes ou paquets flottent vers la surface de l'océan puis s'ouvrent, libérant les oeufs et les spermatozoides dans l'eau. Les œufs d'un paquet sont ensuite fécondés dans la colonne d'eau par les spermatozoides diffusés par les paquets produits par d'autres coraux, formant ainsi un embryon. Cet embryon se transforme en larve (planule) qui va ensuite évoluer pendant plusieurs jours dans la colonne d'eau jusqu'à ce qu'elle trouve un lieu convenable sur le récif pour s'y établir (les spécialistes de la biologie des coraux appellent cette opération «fixation» sur le récif). Une fois fixée sur le récif, la larve corallienne va entreprendre de construire son squelette. Le nouveau corail (pour les biologistes, ces petits coraux juvéniles s'appellent des «recrues») poursuit sa croissance pour finalement former une colonie corallienne.

Ia Kupe ra, e ao ʻāpī tei puta mai i mua iāna. E hia uiuiraʼa tē tāviriviri noa nei i roto i tōna ferurira'a. Paraparau noa ihora rāua ʻo Lilia, maoro te taime, i ni'a i te ʻohipa tāna i ʻite mai.

Nā ʻō maira ʻo Lilia i teie parau iāna,» ʻEi vāhi oraora e ti'a ai nō te mau to'a fānau ʻāpī. ʻIa ʻore te pape mā ʻe te vi'ivi'i ʻore, i te tahi taime, e mea fifi nō rātou i te mau i te tahi vāhi. Mai te peu e'ita rātou e mau haere, e'ita ato'a te tahi mau i'a ʻe ʻānimara e ora.»

Mana'o ihora ʻo Kupe i te mau mea oraora ato'a tāna e au noa na i te māta'ita'i i roto i te moana.

Ta'a a'era iāna i te faufa'a rahi o teie mau to'a fānau ʻāpī tāna i ta'ita'i haere noa nā muri iāna i teie mahana tā'āto'a. E mea faufa'a roa rātou nō te hotura'a o te a'au tāna ʻe tā tōna mau hoa e poihere noa nei.

«E'ita ʻoe e hina'aro e haere mai nā muri iā'u nō te fa'aho'i i teie mau to'a i roto i te miti?» ani atura ʻo Kupe. «E vaiho ïa rātou ʻia ʻimi i te tahi vāhi maita'i e ora ai.»

«ʻOia,» pāhono maira ʻo Lilia. «Mai haere ana'e.»

u'a
bernard l'hermite

Pour Kupe, c'était un monde nouveau qui s'offrait à ses yeux. Il y avait tant et tant de questions qui tournaient dans sa tête. Lilia et lui parlèrent de sa découverte pendant un bon moment.

Puis Lilia lui dit ceci : «Un environnement en bonne santé est très important pour les jeunes coraux. Sans eau pure, il leur est parfois difficile de trouver le bon endroit pour se fixer. S'ils ne peuvent se fixer, d'autres animaux qui dépendent d'eux ne pourront pas survivre non plus.»

Kupe pensa à toutes ces créatures qu'il aimait observer dans l'océan.

C'est alors qu'il se rendit compte à quel point les jeunes coraux qu'il avait transportés avec lui toute la journée étaient importants. Ils l'étaient pour l'avenir du récif, que ses amis et lui aimaient tant.

«Veux-tu venir avec moi pour remettre mes coraux à l'eau,» demanda Kupe. «Il faut que nous les laissions trouver un bon endroit pour vivre.»

«Bien sûr,» lui dit Lilia. «Allons-y.»

Reva atura ‘o Kupe rāua ‘o Lilia i te uāhu. Māni’i a’era ‘o Kupe i tāna fa’ari’i i roto i te miti. Fa’aho’i marū atura te ‘are miti i nau fanau’a to’a i te moana.

«‘A haere rā, e te mau to’a ri’i!» ‘Ia maita’i ‘outou ‘e ‘a fa’aitoito i tō ‘outou tere,» te reo ïa ‘o Kupe, ‘ua rahi tōna ‘oa’oa i te ‘ohipa i tupu i teie mahana.

‘Ua ‘ite mau ‘oia ē, tei iā rātou ho’i te ora o te a’au.

Kupe et Lilia se dirigèrent tous deux vers le quai. Kupe se pencha et versa le contenu du gobelet dans l’eau. Une douce vague prit les précieux coraux pour les emporter vers la mer.

«Au revoir, petits coraux!» Bonne chance, où que vous alliez,» lança Kupe, heureux de cette expérience.

Il savait que l’avenir du récif dépendait d’eux.

Manini
Chirugien bagnard

Jacqueline L. Padilla-Gamiño

Jackie is an oceanographer and scientific diver whose research work has focused on coral reproduction, marine ecophysiology and global change biology. Since she was little, she enjoyed exploring and learning about the wonders of the ocean. She received her PhD from University of Hawaii and had the opportunity to explore and work on coral reefs around the world. Jackie is interested in connecting her work with society to make a difference in the preservation of marine ecosystems for the future.

Marjorie Leggitt

Marjorie Leggitt, a professional scientific illustrator, started her career at Chicago's Field Museum of Natural History dissecting and illustrating Australian land snails. Freelancing full-time since 1985, she illustrates text and trade books, professional journals, museum exhibits, and teaches botanical illustration at the School of Botanical Art and Illustration at the Denver Botanic Gardens. Over the past several years her long-time passion for children's literature and natural history has steered her art into the world of children's natural history book illustration. Surrounded by collections of starfish, feathers, exotic plant matter, and animal skeletons from travels around the world, Marjorie is most at home when drawing from nature. Visit her website at http://www.science-art.com/leggitt